Georg Ruppelt

ES WAR EINE STADT WIE IM MÄRCHEN

Hildesheimer Handschriften
der Gottfried Wilhelm Leibniz Bibliothek

Georg Ruppelt

ES WAR EINE STADT WIE IM MÄRCHEN

Hildesheim
in Büchern der
Gottfried Wilhelm Leibniz
Bibliothek

Georg Olms Verlag
Hildesheim · Zürich · New York
2015

Peter Marmein zugeeignet

Bibliografische Information der Deutschen Nationalbibliothek
Die Deutsche Nationalbibliothek verzeichnet diese
Publikation in der Deutschen Nationalbibliografie;
detaillierte bibliografische Daten sind im Internet über
http://dnb.d-nb.de abrufbar.

www.olms.de
Printed in Germany
Gedruckt auf säurefreiem und alterungsbeständigem Papier
Satz: Satzstudio Winkens, Wegberg
Abbildungen: Gottfried Wilhelm Leibniz Bibliothek
Umschlaggestaltung: Anna Braungart, Tübingen
Vorderumschlag gestaltet nach Mabel Wagnalls:
Der tausendjährige Rosenstock, 1926
Herstellung: BELTZ Bad Langensalza
ISBN 978-3-487-15248-6

VORWORT

Um die Atmosphäre einer Stadt wirklich zu empfinden, ist ein Aufenthalt in ihren Mauern unerlässlich – eine Redewendung, die übrigens seit langer Zeit überholt ist, denn wo gibt es heute noch komplette Stadtmauern. Um etwas über die Geschichte und Gegenwart der Menschen und der Kultur einer Stadt zu erfahren, kann man sich natürlich auch alter wie neuer Medien bedienen. Geschichte und Kultur bedeutender, traditionsreicher Städte aber wurden schon Jahrhunderte vor der Zeit weltumspannender Datennetze in Erinnerungsinstituten wie Archiven, Bibliotheken und Museen in Originaldokumenten oder Druckwerken aufbewahrt. Und dies kann durchaus an verschiedenen Orten geschehen, dann z. B., wenn sich zwei Städte in enger Beziehung zueinander befanden, dadurch etwa, dass die eine Stadt Sitz der Regierung des gemeinsamen Landes war und ist.

Die Gottfried Wilhelm Leibniz Bibliothek – Niedersächsische Landesbibliothek in Hannover und die Geschichte und Kultur der alten Bischofsstadt Hildesheim stehen in einer solchen Beziehung, und so wird derjenige auch mit Funden reich belohnt, der sich in der hannoverschen Bibliothek auf die Suche nach Hildesheimer Spuren macht. Einige dieser Spuren werden in dem vorliegenden Bändchen vorgestellt.

Wo immer dies opportun erschien, wurde versucht, möglichst viele der Textfunde im Original wiederzugeben, um so auch sprachliches Zeitkolorit einzufangen.

Natürlich sind Kostbarkeiten wie das Aufschwörungsbuch des Domkapitels oder die Esther-Rolle des Leib Katz Poppers heute auch außerhalb der Gelehrten-Gemeinde bekannt, doch darüber hinaus gibt es manch anderes zu entdecken, worüber die folgenden Seiten in einer Art »Anthologie« von Texten aus und über Hildesheim informieren wollen und dabei hoffentlich auch etwas Vergnügen beim Lesen und Betrachten bereiten.

Der Verfasser widmet dieses Büchlein dem begeisterten Wahl-Hildesheimer, ehemaligem Leiter der Universitätsbibliothek Hildesheim und langjährigem Stellvertretenden Direktor der Gottfried Wilhelm Leibniz Bibliothek Peter Marmein im Jahr seines 65. Geburtstages.

Hannover, im Frühjahr 2015

Georg Ruppelt
Direktor der Gottfried Wilhelm Leibniz Bibliothek

INHALT

1

BÜCHERSAMMLUNG AUS PFLICHT UND NEIGUNG

Wer Anfang des Jahres 2015 im elektronischen Katalog der Gottfried Wilhelm Leibniz Bibliothek – Niedersächsische Landesbibliothek (GWLB) in der Rubrik »Alle Wörter« den Namen des rund 30 Kilometer von der niedersächsischen Landeshauptstadt entfernt liegenden Hildesheim eingab, erzielte rund 32 000 Treffer; »Hildesheim« als Titelstichwort brachte es auf rund 2400 Einträge. In der Niedersächsischen Bibliographie kam der Name der Bischofsstadt unter »Alle Wörter« 5776 Mal vor, bei der Suche nach dem Titelstichwort »Hildesheim« 2462 Mal. Am Ende des Jahres 2015 werden diese Zahlen erheblich höher liegen. Warum ist dies so eindeutig zu prognostizieren?

Nun, die GWLB hat als Landesbibliothek die Aufgabe, alles, was wo und in welcher Sprache auch immer über Niedersachsen publiziert wird, zu sammeln, zu erschließen und der Öffentlichkeit zur Verfügung zu stellen. Da Hildesheim, das Hildesheimer Land und das Bistum Hildesheim auf eine lange Geschichte zurückschauen und in der Gegenwart auf bedeutende wirtschaftliche, wissenschaftliche und kulturelle Leistungen blicken können, wird die Hildesheim betreffende Katalog- ebenso wie die Bibliographie-Ernte auch in diesem Jahr wieder erheblich sein.

Hinzu kommen aber noch die Zugänge, welche der GWLB durch die sogenannte Pflichtexemplar-Regelung erhält. Sie hat als Landesbibliothek auch den gesetzlichen Auftrag, Pflichtexemplare der in Niedersachsen erscheinenden Publikationen zu sammeln – sowohl Verlagsveröffentlichungen als auch Erscheinungen außerhalb des Buchhandels. Diese Aufgabe hat eine lange Tradition, die bis in das Jahr 1737 zurückreicht. Heute ist die rechtliche Grundlage dafür das Niedersächsische Pressegesetz (§ 7 und § 12), demzufolge alle in Niedersachsen veröffentlichten Schriften in jeweils einem Exemplar kostenfrei an die Bibliothek abgeliefert werden müssen.

Die gesetzlich geregelte zwangsweise Ablieferung eines oder mehrerer Exemplare durch Verleger bzw. Buchdrucker wurde 1537 zuerst in Frankreich eingeführt. Der Grund für dieses sogenannte Pflichtexemplar war aber ursprünglich durchaus nicht die vom Staat empfundene Verpflichtung, die sich im Schrifttum darstellenden geistigen, sozialen und kulturellen Manifestationen der Zeit in möglichst großer Vollständigkeit zu sammeln und zur Verfügung zu halten. Ursprünglich handelte es sich um eine Aufgabe der Zensur, aber auch um eine Maßnahme zur Absicherung von Privilegien. Die Rechte zum Drucken und zum Verlegen galten ausschließlich für das Territorium eines Fürsten, und die abgelieferten Stücke sollten vor Raubdruck geschützt werden. Bei Streitigkeiten etwa konnte das abgelieferte Stück als Beweis vorgelegt werden. Im 18. Jahrhundert hat neben dem Wunsch nach Kontrolle der Druckerzeugnisse des ei-

Hermann Blume: Althildesheimer Baudenkmäler.
Hildesheim: Olms 1908. Titelblatt

genen Machtbereiches allerdings auch der Wunsch nach einer Dokumentation der im Lande produzierten Druckwerke an Bedeutung gewonnen.

Die GWLB, die damalige Königliche Öffentliche Bibliothek, kam seit 1737 durch kurfürstliche bzw. königliche Verordnungen in den Genuss solcher Pflichtexemplare. Auf diese Weise ist ein außerordentlich vielseitiger Bestand zusammengekommen, der – anders als bei Hochschulbibliotheken, die vor allem gezielt sammeln – das gesamte Verlagsspektrum eines Landes abbildet. So finden sich in Pflichtexemplarbibliotheken z. B. Kinderbücher, Trivialliteratur, Zeitschriften der verschiedensten – auch anrüchigen – Sorte und Zeitungen von geringer regionaler Verbreitung. Gerade aber diese Bestände sind für die historische Forschung unter Umständen von unschätzbarem Wert, dokumentieren sie doch gleichsam aus sich selbst heraus die Kulturgeschichte einer Epoche.

Auf der einen Seite erhalten die Pflichtexemplarbibliotheken so einen insgesamt gesehen wertvollen Bestand an Büchern und Druckwerken der verschiedensten Art, auf der anderen Seite sind sie verpflichtet, diese Druckwerke aufzubewahren und zur Verfügung zu stellen und dokumentieren damit auch die Geschichte des Verlagswesens ihrer Region.[1]

---

[1] Vgl. Georg Ruppelt: Die Niedersächsische Landesbibliothek – Partner der Verlage. In: Verlegt in Niedersachsen – Buchverlage stellen sich vor. Mit einem Essay von Georg Ruppelt: »Die da zween Herren dienen.« Der Verleger als literarisches Motiv. Hameln: Niemeyer 2003 (Lesesaal; H. 8). S. 6–9.

Karl Seifart: Blätter und Blüthen vom tausendjährigen Rosenstock. Cassel und Göttigen: Wigand 1866. Gez. v. A. Fromm. Titelblatt

Zurzeit (2015) sind in Hildesheim offenbar elf Verlage angesiedelt, die ihre Produkte an die GWLB pflichtgemäß abliefern. Der älteste unter ihnen ist der renommierte Gerstenberg Verlag. Er wurde 1792 in St. Petersburg gegründet. Von dort verlegte er 1796 seinen Standort nach Hildesheim, wo er bis dato angesiedelt ist.[2] Mit der heutigen »Hildesheimer Allgemeine Zeitung« gibt Gerstenberg seit 1705 auch eine der ältesten noch existierenden Zeitungen heraus. Besonders bedeutsam ist für die GWLB und die von ihr mitgetragene »Akademie für Leseförderung Niedersachsen« auch das anspruchsvolle Kinder- und Jugendbuchprogramm des Verlages. Zu Beginn des Jahres 2015 nannte der Katalog der GWLB 3521 Mal den Namen Gerstenberg.

Über die Pflichtablieferungen weit hinausgehend sind die Beziehungen der GWLB zum Hildesheimer Georg Olms Verlag – Weidmannsche Verlagsbuchhandlung. Seit vielen Jahrzehnten existiert zwischen dem Verlag, der zu den bedeutendsten Reprint-Verlagen der Welt gehört, auf diesem wie auf anderen Gebieten eine fruchtbare Zusammenarbeit. Der Katalog der GWLB nannte im Januar 2015 den Namen des 1886 gegründeten Verlages 21 236 Mal.

Hildesheimer Verlagsprodukte, aber auch solche aus Behörden und Institutionen füllen tausende von Regalmetern der Gottfried Wilhelm Leibniz Bibliothek.

---

[2] Vgl. Von St. Petersburg nach Hildesheim. Festschrift zum 200jährigen Jubiläum des Hauses Gerstenberg 1792–1992. Hrsg. von Paul Raabe. Hildesheim: Gerstenberg 1992.

Exlibris der Königlichen Öffentlichen Bibliothek
von Johann Philipp Ganz. 1776

2

DIE GRAF MÜNSTERSCHE BIBLIOTHEK AUS DERNEBURG

Ein bedeutender Zuwachs mit Bezug zu Hildesheim gelangte 2014 in die Gottfried Wilhelm Leibniz Bibliothek. Es handelte sich dabei um die historische Büchersammlung des hannoverschen Staats- und Kabinettsministers Ernst Friedrich Herbert Graf zu Münster (1766–1839) und seiner Frau Wilhelmine Charlotte Gräfin zu Münster geb. Gräfin zu Schaumburg-Lippe (1783–1858).

Die Familie Münster gehörte zu den bedeutendsten und einflussreichsten Adelsfamilien im Kurfürstentum und Königreich Hannover in der Zeit der Personalunion. Graf Münster war eine der wirkmächtigsten Persönlichkeiten des norddeutschen Raums im frühen 19. Jahrhundert. Nach Schulbildung im Dessauer Philanthropin und Studium an der Universität Göttingen trat er in den hannoverschen Staatsdienst ein, in dem er rasch reüssierte: 1793 wurde er von Georg III. zur Begleitung des zweitjüngsten Sohnes des Königs auf der Italienreise bestimmt, 1797 zum Wirklichen Kammerrat, 1803 zum Geheimen Kammerrat und 1805 zum Minister ernannt. Für seine politischen Verdienste im Widerstand gegen Napoleon und für sein Verhandlungsgeschick auf dem Wiener Kongress 1814/15 erhielt Münster das säkularisierte Klostergut Derneburg bei Hildesheim als Dotation, das zum Familiensitz wurde. Graf zu Münster baute das Kloster zu einem repräsentativen Adelssitz um, in dessen Mauern auch eine entsprechend ausgestaltete, wachsende umfangreiche Bibliothek beheimatet war.

Der historische Kern der Bibliothek geht auf drei Personen zurück, nämlich auf das schon genannte gräfliche Ehepaar sowie die Mutter der Gräfin, Juliane Wilhelmine Luise zu Schaumburg-Lippe, geb. Landgäfin von Hessen-Philippsthal (1761–1799). Die historischen Sammlungsteile umfassen im Wesentlichen folgende Schwerpunkte:

1. Teile einer klassischen Aufklärungsbibliothek aus dem Besitz von Juliane Wilhelmine Luise zu Schaumburg-Lippe, die im Erbgang an ihre Tochter Wilhelmine Charlotte fiel, mit einer deutlichen Konzentration auf die zeitgenössische französische und deutsche Literatur.
2. Bücher des Grafenehepaars Ernst Friedrich Herbert und Wilhelmine Charlotte, die insbesondere deutsche und englische Literatur sammelten, sowie juristische Fachbücher aus der Zeit des Studiums des Grafen in Göttingen. Daneben finden sich verstreute Provenienzen sowie eine größere Anzahl von englischen Büchern des frühen 19. Jahrhunderts, die in englischer Manier, d. h. in rotes Maroquinleder mit Goldpressung und Goldschnitt, gebunden sind.

3. Die Sammlung enthält auch religiöses Schrifttum, darunter Bibeln, mehrere Ausgaben des Book of Common Prayer sowie Gesangbücher, die verschiedenen Familienmitgliedern aus einem englischen Familienzweig des 19. Jahrhunderts gehörten.

In ihrem Grundstock handelt es sich bei der Derneburger Bibliothek um eine adlige Aufklärungsbibliothek, die sich stark an den geistesgeschichtlichen Entwicklungen Frankreichs orientiert und die Frankophilie des Adels im 18. Jahrhundert deutlich zum Ausdruck bringt. Die Bibliothek enthält neben der allgemein weit verbreiteten Aufklärungsliteratur des 18. und des frühen 19. Jahrhunderts einige herausragende Stücke, die einen besonderen historischen und kulturhistorischen Wert besitzen. Sie steht im biografischen und kulturhistorischen Kontext der Epoche zwischen Revolution und Restauration, wobei sie die vielfältigen Interessen und den ungewöhnlich weit gespannten Horizont ihrer Besitzer spiegelt. Die Bibliothek des Grafen und seiner Frau ist in Aufbau und Anlage paradigmatisch für die Adelsbibliotheken der Zeit.

Über den textgeschichtlichen Wert hinaus besticht die Sammlung durch ihre vorzüglichen Einbände, die deutlich den repräsentativen Charakter der Sammlung betonen. Es finden sich französische und deutsche Kalbsledereinbände des 18. Jahrhunderts, Maroquineinbände des 18. und 19. Jahrhunderts, Buntpapier- und Samteinbände sowie Pergament- und Ledereinbände. Goldschnitte mit und ohne Punzierungen sowie Goldpressungen runden den wertvollen Charakter der Bücher ab. Demgegenüber stechen die juristischen Bücher von Ernst Friedrich Herbert Graf zu Münster in einfachen Pappeinbänden hervor. Es ist deshalb davon auszugehen, dass die für seine Dienstgeschäfte und das Studium notwendigen Bücher des Grafen ursprünglich nicht zur Repräsentationssammlung gehörten.

Die Graf Münstersche Bibliothek wurde von seinen Erben übernommen und bis zur Aufgabe des Schlosses Derneburg durch die Familie 1971 weitergepflegt, wobei der bis dahin angewachsene Bestand ca. 1 250 Titel in ca. 3 500 Bänden beträgt. Die Gründerbibliothek, die durch großzügige Unterstützung der Kulturstiftung der Länder, der VGH-Stiftung und der Klosterkammer Hannover 2014 von der GWLB erworben werden konnte, beläuft sich auf ca. 900 Titel in ca. 2 000 Einzelbänden. Bis Ende 2013 war sie, wie der gesamte Bestand aus dem Besitz der Familie zu Münster, ohne öffentlichen Zugang zeitweise an der Universitätsbibliothek Hildesheim und in der Villa Walshausen bei Hildesheim als Dauerleihgabe deponiert.[3]

Seit 2014 können die Bücher der Graf Münsterschen Bibliothek im Forschungslesesaal der GWLB von jedermann eingesehen werden.

---

[3] Nach internen Gutachten von Thomas Fuchs und Peter Marmein. Vgl. auch Claudia Pollich-Post: Leben in Büchern. Hildesheim: Gerstenberg 2008 (Hildesheimer Beiträge zur Kulturgeschichte; Bd. 1).

3
HILDESHEIMER LITERATEN

Unabhängig davon, ob sie in Hildesheim verlegt oder gedruckt worden sind, besitzt die GWLB natürlich auch die Werke, ganz oder teilweise, von Autoren, die eine besondere Beziehung durch Geburt oder Lebenslauf zu Hildesheim und seinem Umland haben – so in der Gegenwart etwa das umfangreiche Werk von **Hanns-Josef Ortheil**. Die im »Hildesheimer Literaturlexikon von 1800 bis heute« aus dem Jahr 1996 genannten Autorinnen und Autoren dürften in ihrer Mehrzahl in der GWLB vertreten sein.[4] Im Folgenden seien einige der älteren vorgestellt.[5]

In Hildesheim wurde **August Ernst Freiherr von Steigentesch** 1774 geboren (gest. 1826, Wien). Steigentesch machte eine bedeutende Karriere als Soldat und Diplomat in österreichischen Diensten und in verschiedenen Missionen gegen Napoleon in euro-

---

[4] Vgl. Hildesheimer Literaturlexikon von 1800 bis heute. In Zusammenarbeit mit dem Stadtarchiv Hildesheim hrsg. von Dirk Kemper unter Mitarbeit von Nora Burda und Andrea Schindelmeier. Hildesheim, Zürich, New York: Olms 1996.

[5] Vgl. dazu Georg Ruppelt: »Und daß du so mein Herz gewannst,/macht bloß weil du so dichten kannst!!« Literarisches Leben des 19. und beginnenden 20. Jahrhunderts im niedersächsischen Raum. Springe: zu Klampen 2010.

päischen Staaten. Er schrieb Gedichte und Erzählungen sowie zahlreiche Lustspiele, die über seine Lebenszeit hinaus erfolgreich waren.

Ebenfalls aus Hildesheim stammte **Karl Seifart** (1821–1885, Lüneburg). Von ihm gibt es zahlreiche Erzählungen und Schwänke, die sich vor allem mit Ereignissen aus seiner Hildesheimer Heimat beschäftigen.

Die Werke des hannoverschen Philosophen und Schriftstellers **Theodor Lessing** sind ebenfalls in der GWLB vorhanden. Er hatte gegen Ende des 19. Jahrhunderts enge persönliche Beziehungen zum Hildesheimer Land. Als junger Mann war er häufig zu Gast auf dem Wohldenberg (Holle/Sillium).

Lessing (1872–1933) publizierte in zahlreichen deutschen und ausländischen Tageszeitungen und wurde einer der bekanntesten politischen Schriftsteller seiner Zeit. Aufsehen erregte sein Bericht über den Prozess gegen den Serienmörder Fritz Haarmann, auf dessen Tätigkeit als Polizeispitzel er die Öffentlichkeit aufmerksam machte. Kritische Äußerungen über Hindenburg trugen ihm hasserfüllte, antisemitische Reaktionen der Studenten und Professorenschaft ein. (»Nach Plato sollen die Philosophen Führer der Völker sein. Ein Philosoph würde mit Hindenburg nun eben nicht den Thronstuhl besteigen. Nur ein repräsentatives Symbol, ein Fragezeichen, ein Zero. Man kann sagen: Besser ein Zero als ein Nero. Leider zeigt die Geschichte, daß hinter einem Zero immer ein künftiger Nero verborgen steht.«[6]) Daraufhin musste

[6] Th. Lessing: Hindenburg. In: Prager Tagblatt, 25.04.1923, S. 3.

Karl Seifart: Sagen und Märchen von Hildesheim.
Hildesheim: Lax 1914. Vorderumschlag

Lessing seine Lehrtätigkeit beenden. 1933 flüchtete er in die Tschechoslowakei, wo er von nationalsozialistischen Auftragsmördern erschossen wurde.

In der wildromantischen Wald-Idylle des Wohldenbergs wurde der junge Lessing von einem der deutschlandweit erfolgreichsten Schriftsteller des 19. Jahrhunderts beherbergt. Dort, im ehemaligen Drostenhaus, residierte der vor allem unter dem Pseudonym Gregor Samarow bekannte Romanschriftsteller und ehemalige hannoversche Regierungsrat Oskar Meding. Lessing erinnert sich an ihn in seiner 1935 posthum erschienenen Autobiographie »Einmal und nie wieder«.

Johann Ferdinand Martin **Oskar Meding** wurde in Königsberg 1828 geboren[7]. Er studierte in Berlin, Heidelberg und schließlich wieder in Berlin Jura und Cameralia (Staats- und Volkswirtschaftslehre). In Heidelberg war er eifriger Bursche und Chargierter des Corps Saxo-Borussia. Seine Heidelberger Zeit hat Meding dann später als Gregor Samarow zu einem seiner Erfolgsromane verarbeitet (»Die Saxo-Borussen.« 3 Bde. 1885).

Wie erfolgreich dieser Roman tatsächlich war, zeigt sich auch daran, dass eine 1885 erschienene Parodie auf ihn, »Die Saxo-Saxonen« von Samar Gregorow, glänzenden Absatz fanden (1908 im 110. Tau-

[7] Vgl. zum Folgenden Georg Ruppelt: Oskar Meding (Gregor Samarow) – Diplomat und Bestsellerautor zwischen Georg V. und Wilhelm I. In: Der lange Abschied. Das Ende des Königreichs Hannover 1866 und die Folgen. Hrsg. von Arne G. Drews. Göttingen: MatrixMedia 2009. S. 50–62 u. S. 110.

Oskar Meding. Aus: Über Land und Meer.
1880/1, S. 965

send). Verfasser der Parodie war Wilhelm Meyer-Förster (1862, Hannover – 1934, Berlin). Berühmt wurde Meyer-Förster durch seinen Studentenroman »Karl Heinrich« (1889), der als Schauspiel »Alt-Heidelberg« dauerhaft während des 20. Jahrhundert glänzende Erfolge erzielte (verfilmt 1927 von Ernst Lubitsch).

Nach einigen Jahren im preußischen Staatsdienst wurde Oskar Meding 1859 in Hannover Pressereferent, wo er sich bald einer außergewöhnlichen Vertrauensstellung zu König Georg V. erfreuen konnte. Aus dieser Zeit schöpfte Meding, der sich später neben Gregor Samarow eine Reihe anderer Pseudonyme zulegte, den Stoff für seine »Zeitromane«, wie er sie nannte.

In Samarows (Medings) Roman-Erstling »Um Szepter und Kronen« (1872–76) tritt der Autor unter seinem tatsächlichen Namen auf. Im Wartesalon König Georgs V. erläutert der General von Tschirschwitz seinem Gesprächspartner Meding eine sehr persönliche Art der Zeitrechnung:

»›Wissen Sie, mein lieber Regierungsrath,‹ sagte er nach einer Pause, ›wie lange ich schon gewartet habe in meinem Leben?‹ […]

Herr Meding deutete durch ein leises Achselzucken an, dass es ihm unmöglich sei, die gestellte Frage zu beantworten.

›Acht Jahre, sieben Monate, drei Wochen und vier Tage!‹ rief der General mit lauter Stimme und in tiefer Entrüstung.

Der Regierungsrath Meding konnte ein helles Lachen nicht unterdrücken und rief:

›Da haben Eure Excellenz allerdings das Möglichste geleistet und Ihre Geduld hat die Probe bestanden!‹

›Ich habe ein Buch,‹ sagte der General finster mit einem halb humoristischen halb wirklichen Grimm, ›in welches ich jeden Tag – schon seit der Zeit, da ich dem höchstseligen Herrn den Vortrag hatte – die Zeit eintrage, die ich im Wartezimmer zubringe. – Macht bis jetzt acht Jahre, sieben Monate, drei Wochen und vier Tage. – Was sagen Sie dazu? Man sagt‹, fuhr er fort, ›ich sei achtundsechzig Jahre alt – es ist nicht wahr; g e l e b t habe ich nur neunundfünfzig Jahre, fünf Monate, eine Woche und drei Tage. – Den Rest habe ich g e w a r t e t.‹«[8]

Über die Rolle Medings im Jahr 1866 herrscht in der historischen Forschung keine eindeutige Klarheit. In seinen Memoiren behauptet er, dass er versucht habe, Hannover in einen Neutralitätsvertrag mit Preußen zu bringen. Von 1867 bis 1869 fungierte Meding als inoffizieller Gesandter Georgs V. in Paris, wo er entscheidend bei der Bildung der »Welfenlegion« mitwirkte.

Nach deren Auflösung 1870 fiel Meding bei seinem König in Ungnade und wurde entlassen. In dieser Zeit erstarkte die antipreußische Opposition in Hannover. Meding knüpfte Verbindungen nach Berlin und stellte sich für die Aufdeckung der welfischen Umtriebe zu Verfügung, indem er die aktivsten Op-

[8] Gregor Samarow: Um Szepter und Kronen. Zeitroman. Bd. 1–4. Stuttgart: Hallberger 1874. Bd. 1. S. 185/6.

positionellen benannte. Die am schwersten belasteten Hannoveraner hatte Meding jedoch vorher gewarnt, wofür ihm Bismarck dankbar war.

Meding gelang es auch, Soldaten und Offiziere der ehemaligen Welfenlegion von ihrem Eintritt in die französische Armee abzuhalten, die finanziellen Mittel dafür kamen aus dem »Reptilienfonds«, den Zinsen des von Preußen vereinnahmten hannoverschen Kronvermögens. Daraus erhielt auch Meding ein hohe Summe sowie eine jährliche Pension, die es ihm ermöglichte, das schlossartige Anwesen auf dem Wohldenberg zu erwerben und zu unterhalten. Über das Leben dort schrieb Theodor Lessing u. a.:

»Morgens um acht erschien auf Schloß Wohldenberg der Stenograf. Meding lag im Bett, trank Kaffee, rauchte schwere Zigarren und begann je nach Laune zu erzählen. Er blieb bis gegen Mittag im Bette; der Schnellschreiber saß hinter einem Wandschirm stumm im Winkel; er durfte nicht sprechen, kein Geräusch machen; musste alles sofort aufzeichnen, was der Regierungsrat einsam vor sich hin sprach. Und der sprach ausgezeichnet; er war ein glänzender Erzähler und amüsanter Plauderer und immer fiel ihm etwas Fesselndes und Spannendes ein. Er diktierte Tag für Tag mindestens drei Druckbögen. Der Sekretär nahm das Stenogramm mit und übertrug es sofort ins Reine. Es ging dann sogleich an Hallberger [dem Stuttgarter Verleger]. Meding bekam es nur in der Korrektur wiederzusehen. Aber auch die Druckfahnen las er nur selten; ich las für ihn Probeabzüge von Plaudereien, ohne dass er sich um den Erfolg beküm-

Wohldenberg. Postkarte um 1900

merte. Seine mehrbändigen Romane (er goß Unmengen Wassers in seinen Wein) hatten große Erfolge«.[9]

66 Romane in 142 Bänden, die bis weit in das 20. Jahrhundert hinein ihre Leser fanden, hat Oskar Meding publiziert, und er erzielte damit hohe Einnahmen. Sein aufwendiger Lebenswandel allerdings führte zu seiner völligen Verarmung; er zog nach der Versteigerung seiner Habe nach Berlin und starb 1903 in Charlottenburg.

So erfolgreich Medings Romane über ein halbes Jahrhundert waren, sie waren Zeitromane in doppel-

[9] Theodor Lessing: Einmal und nie wieder. Gütersloh: Bertelsmann 1969. (Zuerst erschienen Prag 1935.) S. 166–170.

Börries von Münchhausen: Balladen.
2. Aufl. Illustrationen von Robert Engels. Berlin, Goslar,
Leipzig: Lattmann 1906. S. 6/7

Der Page von Hochburgund

Ich bin der Page von Hochburgund
Und trage der Königin Schleppe,
Heut lachte ihr Mund, heut sprach ihr Mund
Auf marmorner Pfeilertreppe:
„Page, was hobest du heimlicherweis
Zur Lippe der Schleppe Litzen,
Page, ich glaube, du küßtest leis
Am seidenen Saume die Spitzen!“

Auf meine Kniee warf ich mich hin
Und bat um Gnade mit Stocken,
Da lachte die junge Königin
Und zauste in meinen Locken:
„Die Heide dampft, und die Stute stampft,
Zur Strafe — darfst du mit jagen,
Der Falke, der sich um den Handschuh krampft,
Meinen Falken, den sollst du tragen!“

Und wir ritten von dann, fern blieb das Gefolg,
Und ein Lachen lag mir im Blute,
An meiner Seite tanzte der Dolch,
Und unter mir tanzte die Stute.
Wir hielten am Hag zwischen Heide und Tann,
Wo der Sturm die Esche zerbrochen,
Die Königin sah mich seltsam an
Und hat ganz leise gesprochen:

„Mir bot die goldberingte Hand
Der König von Kastilien,
Und bot mir seiner Väter Land
Und seines Wappens Lilien, —
Wohl schimmern die Lilien silberfahl,
Und im Land aufleuchten die Schlösser, —
Dein Lachen ist silberner tausendmal,
Deiner Augen Leuchten ist besser!“

7

tem Sinne. Sie thematisierten Ereignisse der Zeit, und sie waren der Zeit verhaftet und sind im 21. Jahrhundert allenfalls von historischem oder literaturhistorischem Interesse.

In Hildesheim geboren wurde **Börries Freiherr von Münchhausen** (1874–1945, Windischleuba). Er studierte in Göttingen, Berlin und München Rechts- und Staatswissenschaften, später auch Jura und promovierte in Leipzig. In seiner Göttinger Studienzeit erschien ein erster Band Gedichte, der recht erfolgreich war. Hier gab er auch den Göttinger Musenalmanach heraus, in dem vor allem Balladen der Zeit erschienen. Börries Freiherr von Münchhausen war später einer der von den Nationalsozialisten am meisten geschätzten Schriftsteller. 1944 wurde er in die von Goebbels und Hitler zusammengestellte so genannte Gottbegnadeten-Liste aufgenommen, in der das NS-Regime seine wichtigsten Künstler versammelte.

»Im Nachlass des in Hildesheim aufgewachsenen Schriftstellers **Ulrich Koch** (1911–1944) befinden sich zeitkritische Beiträge, Gedichte, Dramen, Prosatexte, biografische Schriften und Briefe. Auch der Briefwechsel mit seinem Jugendfreund Hans Egon Holthusen ist erhalten geblieben. In der Edition seiner literarischen Schriften, seiner akribischen Auseinandersetzung mit der Tagespresse und seiner Feldpostbriefe werden seine nachgelassenen Werke zu einem faszinierenden Zeitzeugnis. Sie veranschaulicht als kultur- und zeithistorisches Dokument, was ein junger Mensch am Ende der Weimarer Republik und im Nationalsozialismus politisch wahrzunehmen und zu verarbeiten vermochte, aber auch, wie er diese Welterfahrung literarisch umzusetzen suchte«, so Peter Marmein.[10]

Um die Herausgabe des Nachlasses von Peter Koch hat sich Marmein (geb. 1950, Leiter der Hochschulbibliothek Hildesheim seit 1982, Stellvertretender Direktor der Gottfried Wilhelm Leibniz Bibliothek seit 1999) besondere Verdienste erworben. In seiner einfühlsamen Koch-Biographie, die als Ergänzungsband der dreibändigen »Nachgelassenen Werke« erschien, heißt es:

»Das Schicksal hat Koch nicht vergönnt, den ›Weg zum Dramatiker‹ zu Ende zu gehen. Ob er sich als solcher durchgesetzt, wie sich sein Leben entwickelt hätte, bleibt offen. Je mehr man sich mit Ulrich Koch beschäftigt, desto deutlicher wird, dass sein Selbstbild als werdender Dramatiker, das ein gutes Stück Selbststilisierung beinhaltet, eine Engführung seiner Existenz ist. Kochs Leben war reicher, selbst auf dem Feld der Dichtung. Das zeigen die mit leichter Hand hingeworfenen Satiren ebenso wie der in den letzten Lebensmonaten entstandene Erlebnisbericht von der Front. Vielleicht hätte er sich auch ganz anders orientiert, wäre er wie sein Freund Holthusen Literaturkritiker, wie der zeitweise bewunderte Kraus Journalist geworden, oder hätte seinen Traum von der Bühne als Regisseur oder Dramaturg verwirklicht.

---

[10] Peter Marmein in: http://web1.bib.uni-hildesheim.de/edition_koch/index.htm (aufgerufen Januar 2015).

Was bleibt, ist die Dichtung, die in Band 1 dieser Edition vorgestellt wird, die handschriftliche Zeitung (Auszüge in Band 2 der Edition) und die Briefe, die uns einen unmittelbaren Zugang zu Koch als Person geben: sie zeigen in seltener Dichte die innere Welt eines Intellektuellen, der sich vom Zeitgeist nicht vereinnahmen lässt und in einer aus den Fugen geratenen Welt unbeirrt an seiner humanitären Überzeugung festhält.«[11]

[11] Peter Marmein: »Vielleicht, daß meine Zeit jetzt noch kommt, und ich helfen darf, sie heraufzuführen.« Ulrich Koch – ein Lebensbild. Hildesheim: Universitätsbibliothek Hildesheim 2008 (Ulrich Koch: Nachgelassene Werke. Ergänzungsband). S. 107.

4

DAS AUFSCHWÖRUNGSBUCH DES HILDESHEIMER DOMKAPITELS

Aus den 64 zum Teil überaus umfangreichen Konvoluten mit einigen tausend Blatt Handschriften vom Mittelalter bis zum Ende des 18. Jahrhunderts, die einen Bezug zu Hildesheim besitzen, sticht eine 250 Blatt umfassende großformatige Pergamenthandschrift hervor, die zu den großen Kostbarkeiten der GWLB gehört: das Hildesheimer Aufschwörungsbuch.[12] Der Codex diente dazu, die Wappen und Ahnentafeln aufzunehmen, die jeder Domherr beim Eintritt in das Domkapitel zum Nachweis seiner adligen Abstammung beizubringen hatte. Denn bis zur Säkularisation zu Beginn des 19. Jahrhunderts konnten nur Adlige in mindestens fünfter Generation Sitz und Stimme in einem Domkapitel erlangen, und natürlich mussten sie katholisch sein. Dementsprechend enthält die Handschrift die Ahnenproben von 211 Hildesheimer Domherren von etwa 1670 bis 1810.

[12] Vollständige digitale Reproduktion unter: http://kulturerbe.niedersachsen.de/viewer/piresolver?id=isil_DE-35_ahnededo_00062963

Diese Handschrift ist von unschätzbarem historischen wie bibliophilem Wert – und sie ist einfach schön, ein Buchkunstwerk. Darüber hinaus hat sie selbst eine wechselvolle Geschichte gehabt: habent sua fata libelli – Bücher haben ihre Schicksale. Peter Marmein hat diese wechselvolle Geschichte im Begleitband zur digitalen Erfassung der Handschrift skizziert:

»Die um 1700 entstandene Handschrift war ursprünglich im Besitz des Hildesheimer Domkapitels. Als Säkularisationsgut nach Kassel verbracht und in den Wirren der napoleonischen Zeit vorübergehend abhandengekommen, ist sie 1815 an die heutige Gottfried Wilhelm Leibniz Bibliothek gelangt. Die Stationen auf diesem Weg lassen sich wie folgt nachvollziehen: Das Fürstbistum Hildesheim war bereits im Sommer 1802 unter Vorwegnahme der Säkularisation von preußischen Truppen besetzt, aufgelöst und dem preußischen Staatsgebiet angegliedert worden. Das Domkapitel blieb zwar trotz Ablösung der fürstbischöflichen Regierung zunächst bestehen; jedoch wurde bereits am 16. August 1802 von der preußischen Civil-Commission Ordre erteilt, erledigte geistliche Stellen nicht wieder zu besetzen und damit die natürliche Auflösung des Kollegiums in die Wege geleitet. Von diesem Zeitpunkt an wurde das Aufschwörungsbuch nicht mehr ergänzt […] Der Codex verblieb aber in der Obhut des Kapitels und wurde von diesem wenigstens im Bestand gepflegt; der letzte Eintrag stammt vom 18. Januar 1810.

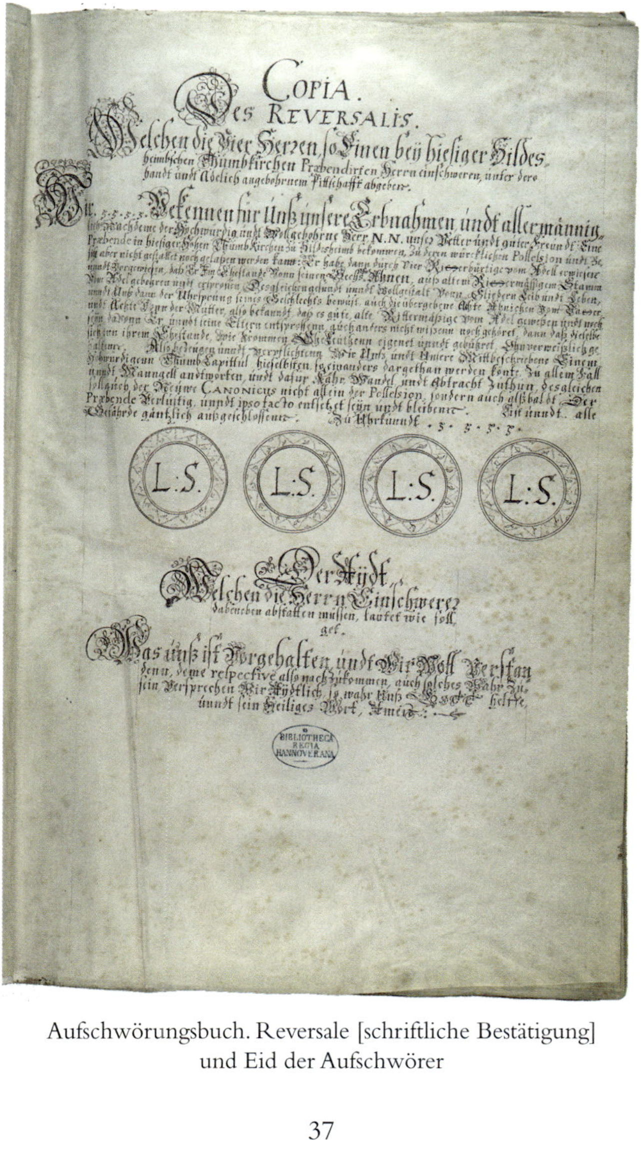

Aufschwörungsbuch. Reversale [schriftliche Bestätigung] und Eid der Aufschwörer

Aufschwörungsbuch. Ahnentafel des Maximilian Heinrich von Bayern

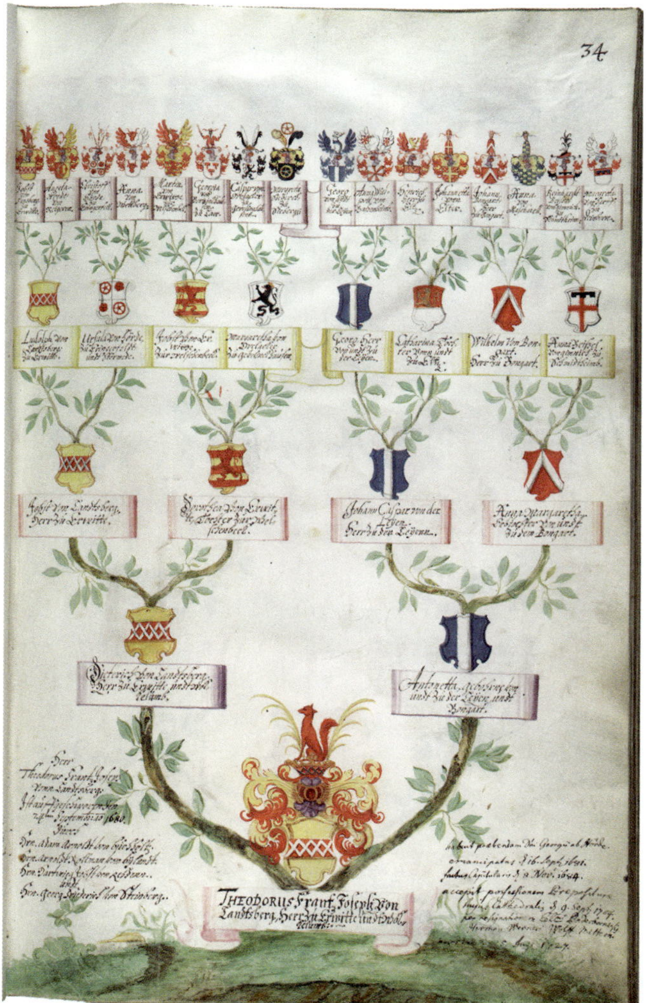

Aufschwörungsbuch. Ahnentafel des Theodor Franz Joseph von Landsberg

Zu dieser Zeit gehörte das Bistum schon nicht mehr zu Preußen. Am 1. September 1807 wurde Hildesheim dem in der Folge des Tilsiter Friedens errichteten Königreich Westphalen inkorporiert. Mit diesem Wechsel war auch das Ende des Domkapitels vorgezeichnet; es fiel der Säkularisierungswelle des Jahres 1810 zum Opfer.

Der in Kassel residierende König Jerome Bonaparte erließ am 1. Dezember dieses Jahres ein Dekret, demzufolge alle noch bestehenden geistlichen Stiftungen aufzulösen waren. [...] Es ist anzunehmen, dass bei dieser Gelegenheit auch das Aufschwörungsbuch mit Beschlag belegt und nach Kassel in die Chambre des sceaux et titres, die Adels- und Wappenkammer, geschafft wurde.

Nach der Flucht Jeromes im September 1813 war der Codex dort freilich nicht mehr auffindbar. Nachforschungen des Hildesheimer Domkapitulars Ledebur, der versucht hatte, die Handschrift zurückzugewinnen, blieben ergebnislos. Immerhin brachte Ledebur in Erfahrung, dass der Vorsteher der Commission de sceaux et titres, Graf Fürstenstein, den Codex zwischenzeitlich an sich genommen hatte. Eine spätere Anfrage bei dem Kasseler Archivar Schnackenburg ergab, dass die Handschrift inzwischen in die Hände des hannoverschen Archivregistrators Schaedtler gelangt war, an den sich die Stiftsgüter-Verwaltungskommission in Hildesheim dann wiederum mit der Bitte um Rückgabe wandte. Dieses Ersuchen kam jedoch zu spät, denn inzwischen hatte auch die hannoversche Regierung den Verbleib der Handschrift in Erfahrung gebracht. In Hannover sah man sich als rechtmäßigen Besitzer des Codex, denn das ehemalige Fürstbistum Hildesheim war vom Wiener Kongress dem neu errichteten Königreich Hannover zugeschlagen worden. Demzufolge wurde Schaedtler mit Ordre vom 30. August 1815 angewiesen, das Aufschwörungsbuch bei der Königlichen Bibliothek einzuliefern. Schaedtler händigte den Codex umgehend aus; die erfolgte Einlieferung wurde von Hofrat Feder, dem damaligen Oberbibliothekar, am 2. September quittiert. Schaedtler konnte der Stiftsgüterkommission nur noch mitteilen, dass er das ›Wappenbuch‹ inzwischen der hannoverschen Bibliothek ausgehändigt habe. Zeitgleich richtete die Regierung ein Schreiben an die Stiftsgüterkommission, in dem die neuen Besitzverhältnisse nachhaltig klargestellt wurden.«[13]

---

[13] Peter Marmein: Gottfried Wilhelm Leibniz Bibliothek. Ms. XXI, Nr. 1235 – Bestand und Bestandsgeschichte. In: Peter Marmein, Thomas Scharf-Wrede (Hrsg.): Kirche und Adel in Norddeutschland. Das Aufschwörungsbuch des Hildesheimer Domkapitels. Bearb. von Christian Schuffels mit Beiträgen von Jochen bepler, Peter Marmein, Thomas Scharf-Wrede und Hans Jakob Schuffels. Regensburg: Schnell + Steiner 2011. S. 9–13. Hier S. 9–11.

5

DIE ESTHER-ROLLE – WELTKUNST AUS HILDESHEIM

Von historischer wie künstlerischer Einmaligkeit ist auch die hannoversche Esther-Rolle, deren Entstehung nach Hildesheim weist. Erst im zweiten Jahrzehnt des 21. Jahrhunderts hat ein Forscher ihre Herkunft mit detektivischem Spürsinn aufgedeckt.

Dass sie einer der bedeutendsten Kulturschätze der ehemals Königlichen Bibliothek Hannovers, der heutigen Gottfried Wilhelm Leibniz Bibliothek ist, wusste man immer: die 6,50 lange, 34 cm hohe und auf das Prachtvollste ausgestattete Schriftrolle aus Pergament. Wann sie aber entstand, wer sie gefertigt hat und zu welchem Zweck, darüber gab es nur vage und überdies offenbar falsche Informationen. Vor allem aber konnte man sich keinen Reim darauf machen, warum die Rolle in Deutsch beschrieben und damit einzigartig auf der Welt ist – alle anderen Esther-Rollen sind für den Gebrauch in der Synagoge auf Hebräisch abgefasst.

Die Esther-Rolle, hebräisch Megillah Esther, steht im Mittelpunkt des jüdischen Purimfestes. Es wird am 14. Tag des jüdischen Monats Adar von Juden in aller Welt gefeiert. In der Synagoge wird die Esther-Geschichte aus dem Alten Testament, die auch zur christlichen Überlieferung gehört, aus der Rolle vorgelesen, natürlich auf Hebräisch. Anschließend wird in den Familien ausgelassen gefeiert mit Verkleidungen, Geschenken, Späßen, gutem Essen und Wein – »Karneval auf Jüdisch« nannte Josef Joffe das Purimfest in der »Zeit« (21.02.2013).

Der Grund für diese Fröhlichkeit liegt in der Esther-Geschichte selbst. Darin unternimmt es Königin Esther, die jüdische Ehefrau des persischen Königs Ataxerxes (Xerxes I.), unter Lebensgefahr die persischen Juden vor der Ermordung zu erretten, die zudem die Erlaubnis erhalten, sich an ihren Feinden zu rächen.

Die Einzigartigkeit der hannoverschen Esther-Rolle wie ihre prächtige Ausstattung bewogen den Kölner Taschen Verlag zur Herstellung einer limitierten orginalgetreuen Sammler-Ausgabe der Rolle, die in einen lederbezogenen Zylinder eingerollt ist, der selbst wiederum in einer aufklappbaren Holzschatulle liegt – ein überaus aufwendiges Unternehmen, das über zwei Jahre in Anspruch nahm, was angesichts der Vorlage aber kaum überrascht.

Zu einer wirklichen Überraschung, ja zu einer Sensation für gelehrte Kreise jedoch führte die wissenschaftliche Untersuchung der Rolle, welche die Reproduktion begleitete. Dem Düsseldorfer Historiker Falk Wiesemann gelang es nachzuweisen, dass die Esther-Rolle 1746 von dem jüdischen Schriftgelehrten und Künstler Wolf Leib Katz Poppers aus Hildesheim gefertigt wurde. Man kann die spannende Entdeckungsarbeit Wiesemanns in dem biblio-

Anfang der 6.5 m langen Esther-Rolle von 1746

phil ausgestatteten Begleitbuch zur Rolle auf Englisch, Deutsch, Französisch und Hebräisch nachverfolgen. [14]

Auch für die Tatsache, dass die Rolle auf Deutsch beschrieben ist und für ihre überaus reiche Bebilderung haben Wiesemann und sein Ko-Autor Emile Schrijver eine Erklärung. Zunächst einmal steht fest, dass eine auf Deutsch abgefasste Rolle für den gottesdienstlichen Gebrauch keinesfalls geeignet ist. Ihre überbordende, zum großen Teil farbige Ausgestaltung weist zudem auf repräsentative Zwecke der Rolle hin. Als Vorlagen für Text und Bildprogramm dienten Poppers eine Lüneburger Bibel sowie verschiedene Kupferstiche aus einem deutschen Narrenbuch.

[14] The Esther scroll. Kommentar: Falk Wiesemann in co-operation with Emile Schrijver. Köln: Taschen 2012.

Szenen aus der Esther-Geschichte zeigen die handelnden Personen in der Kleider- und Uniformmode des Habsburger Reiches. Und so kommt Wiesemann zu dem Schluss, dass die Auftraggeber für die Rolle im Kreis der Wiener Hofjuden zu suchen seien, »die den Finanz-, Militär- und Luxusbedarf der adeligen Oberschicht deckten« (Tilman Spreckelsen in der Frankfurter Allgemeinen Sonntagszeitung, 3.2.2013).

Möglicherweise fühlte sich die kleine Wiener jüdische Gemeinde gerade in dieser Zeit bedroht, denn zwei Jahre vor Entstehung der Rolle hatte Maria Theresia die Ausweisung der Juden aus Prag und aus Schlesien veranlasst. Wiesemann: »Könnte es da nicht im Interesse der Wiener Hofjuden gelegen haben, den Hof mit einer prächtigen Gabe, wie sie die von Wolf Poppers gefertigte Rolle darstellte, günstig zu stimmen? Mit einer Gabe, die gewissermaßen auf einer Brücke zwischen der jüdischen und der christlichen religiösen Kultur angesiedelt war, einer Gabe, die zugleich den hohen Standard hofjüdischer künstlerisch-kultureller Ansprüche signalisiert. [...] Als Empfänger einer solchen Dedikation würden in erster Linie hochgestellte nichtjüdische Persönlichkeiten am Wiener Hof in Frage kommen – vielleicht sogar die höchsten –, die eben nicht des Hebräischen mächtig waren und deshalb eher durch die Überreichung eines exzeptionellen jüdischen Kunstwerks, das einen deutschen Bibeltext aufwies, beeindruckt werden und sich geehrt fühlen sollten.«

Doch einmal abgesehen vom historischen Umfeld und Hintergrund hat die in Hildesheim gefertigte hannoversche Esther-Rolle schon allein als Kunstwerk Bestand, das rollend anzuschauen und zu lesen bis 2012 der wissenschaftlichen Untersuchung nur im Einzelfall ermöglicht werden konnte. Durch die edle Reproduktion des Taschen Verlages ist dieses auch haptische Vergnügen der besonderen Art jedem jederzeit und an jedem Ort möglich.

6

»ES WAR EINE STADT WIE IM MÄRCHEN«

In der Gottfried Wilhelm Leibniz Bibliothek ist eine Anzahl von literarischen Werken verschiedenster Art vorhanden, in denen die Stadt Hildesheim eine zentrale oder eine marginale Rolle spielt. Die Lektüre insbesondere von Trivialliteratur, die eine breite Leserschaft erreichte, ist im Hinblick auf wiederkehrende Motive besonders interessant, da sie Aufschlüsse über das Image einer Stadt, einer Region oder auch etwa eines Berufsstandes zur Zeit des Entstehens des Romans oder der Erzählung geben kann.

Im Falle von Hildesheim sind es im Wesentlichen zwei Motive, die immer wieder auftauchen: der »Tausendjährige Rosenstock« und die »schöne alte Stadt«. Wir wollen im Folgenden einmal eine Reihe von Texten vorstellen, die sich auf verschiedene Weise und ihrer Zeit gemäß diesen beiden Motiven nähern.

Beginnen wir mit dem Ende des alten Hildesheim: 1945 wurden 90 Prozent der Altstadt durch Kriegseinwirkung zerstört. In seinem Buch »O du mein Hildesheim« klagte der Heimatforscher und -dichter **Wilhelm Kaune**:

»Es war eine Stadt wie im Märchen,
Ein einziger Edelstein.
Die schrieb sich in alle Herzen
Mit goldenen Lettern ein.
So schön wie ein Maienmorgen,
Hielt sie, ein köstlicher Schrein,
Das Herz der Heimat geborgen:
O du mein Hildesheim!
[...]
Wohl hält dich noch immer die Kette
Der Wälle so sorglich umspannt,
Doch öde und leer ward die Stätte,
Wo einst soviel Schönheit sich fand.
Und leise in meinem Herzen
Klagt immer wieder ein Reim:
Es war eine Stadt wie im Märchen! –
O du mein Hildesheim!«[15]

Tatsächlich wurde die Stadt in früherer Zeit nicht selten von Literaten so oder ähnlich erfahren und beschrieben. Der um 1900 recht erfolgreiche Pastor und Schriftsteller **Paul Schreckenbach** erzählte 1919 in seinem in der Luther-Zeit spielenden Roman »Wildefüer. Ein Roman aus Alt-Hildesheim« von der baulustigen Stadt auf anschauliche und auch den heutigen Leser anregenden Weise.

---

[15] Wilhelm Kaune: O du mein Hildesheim. Mit Zeichnungen von Hermann Ribbentrop. Hildesheim: Lax 1997 (zuerst erschienen 1947) S. 3.

Stadtplan von Hildesheim um 1730

»Die Hildesheimer waren ja von jeher baulustige, kunst- und farbenfrohe Leute gewesen. In früheren Zeiten hatten sie diesen Zug ihres Wesens an ihren Gotteshäusern betätigt, weswegen Hildesheim so viele prächtige und kunstvolle Kirchen und Kapellen aufzuweisen hatte wie kaum eine andere Stadt von gleicher Größe im ganzen Heiligen Römischen Reiche. Dann waren sie darauf verfallen, ihr Rathaus, ihre Gilde- und Amtshäuser aufs herrlichste zu schmücken und herzurichten. Nun seit einigen Jahrzehnten war die gesamte Bürgerschaft von dem Verlangen ergriffen worden, in schönen, bunten und kunstvoll verzierten Häusern zu wohnen. Einige reiche Leute hatten damit angefangen, andere waren ihnen nachgefolgt, zuletzt wollte keiner nachstehen, auch die Ärmsten nicht. Wer wenig Geld in der Truhe hatte, ließ wenigstens über der Tür ein paar geschnitzte Figuren aus Holz oder Rosetten unter den Fenstern anbringen und Sprüche oder Verse auf die Hauswand pinseln, deren Anfangsbuchstaben in hellen Farben, in einem tiefen Rot oder in schimmerndem Blau leuchteten. Die Reichen aber ließen die ganze Vorderseite ihrer Häuser mit hölzernen Schnitzwerken überkleiden, und es gab Meister in Hildesheim, die darin eine hohe Kunst entfalteten. Da sah man ganze Volkssagen bildlich dargestellt und häufiger noch biblische Geschichten – Simson, wie er den Löwen zerreißt und die Philister erschlägt; Joseph, wie er von seinen Brüdern verkauft, dann von Potiphars Frau übel versucht wird und am Hofe des Pharao zu hohen Ehren gelangt, und zwischen diesen Männern und Frauen des Alten Testaments die Gestalten der hohen Heiligen Hildesheims, Bernward und Godehard, oder die starken Helden der Weltgeschichte, Hektor den Trojaner, Julius Cäsar, Kaiser Karl den Großen und andere. Sie alle standen da in bunten Gewändern, die Harnische blinkten silbern, die Kronen und sonstigen Zierate waren vielfach vergoldet. Wer an einem hellen Sonnentage durch die Stadt wandelte, dem mochten wohl die Augen weh tun von all der Farbenpracht, die da zu schauen war, und er mochte gern einmal den Blick ausruhen lassen auf den grauen Mauern der riesigen Kirchen, die unter den bunten Häusern standen wie düstere Propheten der Vorzeit in härenem Gewand unter den lachenden, genußfrohen Kindern dieser Welt.«[16]

Die in Tausenden von Jamben und Trochäen gebundene Dichtung »Renata« von **Julius Wolff** sorgte über einige Jahrzehnte lang selbst für ein Bauwerk in Hildesheim, nämlich für ein Julius Wolff gewidmetes Denkmal, auch Renata-Denkmal genannt. Das will kurz erzählt sein.

Wolff besingt in seinem über 350 Seiten starken Werk das Schicksal der Goldschmiedetochter Renata zu Zeiten der Hildesheimer Stiftsfehde Anfang des 16. Jahrhunderts – übrigens die Geschichte eines zwar gescheiterten, aber nichtsdestoweniger tapferen und pfiffigen Versuches einer jungen Frau, die ihr auferlegten

---

[16] Paul Schreckenbach: Wildefüer. Ein Roman aus Alt-Hildesheim. München: Staackmann 1976 (zuerst erschienen 1919) S. 28–30.

Julius Wolff: Renata. Eine Dichtung.
23. Tsd. Berlin: Grote 1893. Vorderumschlag

geschlechtsbedingten Einschränkungen zu überwinden. Renata arbeitet klammheimlich und verbotenerweise (als Frau ist sie »unzünftig«) in der Werkstatt ihres Vaters als Geselle. Es geht in dieser »Dichtung« um die Herstellung eines kostbaren Trinkgefäßes, um Liebeszauber, um dessen Aufdeckung und um einen anschließenden für Renata glimpflich verlaufenden Prozess.

1911 errichtete die Stadt an der Sedanstraße den vom Hildesheimer Fabrikanten Gustav Fränkel gestifteten Julius-Wolff-Brunnen, dessen Mittelpunkt eine hochaufgerichtete Renata-Statue aus Bronze bildete. Diese Statue wurde im Zweiten Weltkrieg eingeschmolzen; nach Kriegsende entsorgte man ebenso die steinernen Reste des Brunnens.[17]

Schauen wir mit Julius Wolff einmal in die Domherrnschenke aus der »Renata«:

»Dicht am Hildesheimer Dome,
Den der heil'ge Bischof Bernward
Mit den höchst bewundernswerthen
Erzgegossnen Thüren schmückte
Und der noch viel andre Schätze
Künstlerischer Arbeit aufweist,
Steht ein hochgegiebelt Weinhaus,
Mittelst seiner langen Keller

---

[17] Martin Hausmann: »Herrn Fabrikanten Fränkel in dankbarer Erinnerung« — Der Julius-Wolff-Brunnen an der Sedanstraße. Historische Dokumente aus dem Stadtarchiv (Folge 108). http://www.hildesheim.de/download/index.php?menuid=539&topmenu=404&&page=6 (aufgerufen Januar 2015).

Und der Bücherei darüber
Mit dem Gotteshaus verbunden
Und genannt die Domherrnschenke.
Diesen würd'gen Namen hat es
Aus den alten, guten Zeiten,
Da der Wein des Domkapitels
Hier in überreichem Vorrath
In den Kellern lag, von dem auch
Gegen baares Geld den Bürgern
Abgelassen und verkauft ward.
Allerdings die bessern Sorten
Tranken Domherrn und Prälaten
Mit den Herrn von den Geschlechtern
Lieber selbst, wenn gegen Abend
um die Zeit der Pfaffenstunde
Sie zu einem Vespertrunke
Traulich hier zusammenkamen.«[18]

Wenden wir uns weiteren literarischen Beschreibungen der alten schönen Stadt Hildesheim zu. In **Wilhelm Jensens** Roman aus der Stauferzeit »Die Rosen von Hildesheim« vom Anfang des 20. Jahrhunderts werden Macht und äußere Erscheinung der Stadt in Beziehung gebracht. Die »Rosen« des Titels beziehen sich im Übrigen auf zwei schöne Frauen.

»Große Herren waren die Bischöfe von Hildesheim schon seit mehreren Menschenaltern gewesen, stets

[18] Julius Wolff: Renata. Eine Dichtung. 23. Tsd. Berlin: Grote 1893 (zuerst erschienen 1891). S. 1/2.

eng mit der höchsten weltlichen Macht im Reiche verbunden, und ihre *domus regia* hatte im Gange des letzten Jahrhunderts zu öfteren Malen, besonders seit der hohenstaufischen Herrschaft, jeden Kaiser als Gast beherbergt. So ragte die bischöfliche Residenz groß und vornehm über die Dächer aller übrigen Höhe der Domfreiheit empor, Dienerwohnungen, Marställe, Gärten umgaben sie, hinter ihr dehnte ein künstlich angelegter, breiter Fischteich seinen Spiegel aus. Hoch und stark sicherte der alte Mauerwall die Domburg gegen jeden feindlichen Angriff, machte sie zu einer uneinnehmbaren Veste, aus der zwei dunkle Thoröffnungen, nach über ihnen erbauten, bildnißgeschmückten Kapellen Petrus- und Paulusthor benannt, zur Stadt um ein Weniges hinabführten. Doch bedurfte der geistliche Bannkreis dieses Schutzes kaum mehr, denn seit den steten Bedrohungen durch Herzog Heinrich den Löwen war auch das *oppidum* Hildesheim von einer gewaltigen Ringmauer umgürtet und zu einer der am besten gesicherten Städte in deutschen Landen geworden.

Die Ausstattung des Bischofshofes ließ über reiche irdische Einkünfte des Bewohners nicht Zweifel; aus dem Zehnten, den weiten Bannforsten des Bisthums, verliehenen Marktrechten, Zöllen und Münzprägung flossen sie zusammen. In stärkstem Gegensatz zu den meistens unwirthlichen Räumen der Ritter-, selbst der Grafenburgen, sah das Innere des bischöflichen Wohnsitzes aus, der in seiner Ausdehnung fast an ein Kloster erinnerte. Doch er enthielt keine engen, düsteren und frostigen Zellen, sondern mehrfache Reihen hoher und lichter Gemächer, mit allem zu behaglicher Lebensführung erforderlichen Hausrath reichhaltig versehen; Schränke, Tische und Sessel zeigten kunstfertig geschnitzte Engels-, oder lebensgetreu dargestellte Wolfs- und Bärenköpfe, durchmischt von Einbildungsgeschöpfen, Drachen und Einhörnern; überall waren die Steinwände mit gewirkten Tapeten verhängt, vielfach überdeckten Teppiche den Fußboden, und dicke Wachskerzen in Stand- und Handleuchtern mit geschmiedetem dreifüßigen Untergestell dienten zur nächtlichen Erhellung. Doch auch Lichtkronen hingen da und dort von den Decken herab, Ampeln und Lampen; zierliche silberne Weihwassernäpfe an den Wänden, Betpulte und -schemel wiesen auf den geistlichen Character dieses Hauses hin. Ebenso Hirtenstäbe verewigter Bischöfe, auf Gesimsen edelsteinbesetzte Chormantelspangen, nicht mehr im Gebrauch erhaltene Tabernakel und metallene Bücherbeschläge; zwei Räume wurden von der großen Bücherei völlig ausgefüllt. Daneben jedoch ein anderer mit Schutz- und Trutzwaffen jeder Art, Panzerrüstungen, Helmen, Schilden, Schwertern, Lanzen und Sporen; Kirchliches und Weltliches vermengten sich zu eigenthümlichem Durcheinander. Daß die Tonkunst hier nicht Fremdes sei, bewährten Saiteninstrumente mannigfacher Art: Lyra, Harfe, Zither und Geige; Flöten, Querpfeifen und Erzbecken gesellten sich ihnen bei. Die Mehrzahl aller Einrichtungs- und Schmuckgegenstände mochte der im letzten Jahrhundert erwachten und außerordentlich fortgeschrittenen einheimischen Gewerksthätigkeit entstammen, doch viele deuteten muthmaßlich auf Ursprung aus morgendländisch fernen, byzantinischen Kunstwerkstätten. Jedenfalls aber vermochte der Bischofshof in Hildesheim an Wohnlichkeit und Auszierung die Wette mit jeder Kaiserpfalz im Reich zu bestehen.«[19]

Die Wirkung der alten Stadt vor ihrer Zerstörung 1945 auf Auswärtige und auf einen gebürtigen Hildesheimer beschreiben drei Trivialromane aus den 20er Jahren des letzten Jahrhunderts, deren Inhalt für unser Thema völlig belanglos ist, die aber wohl recht genau das Image der Stadt in jener Zeit widerspiegeln. Zunächst ein Gespräch aus dem Roman »Jupp Brand« von **Otto Brües** aus dem Jahr 1927:

»Wenige Tage später kamen Jupp und Mieken nach Hildesheim. Neugierig durchstreiften sie die kleinen Gäßchen, stundenlang.

›Welch ein Widerspruch‹, sagte Mieken, ›man bewundert die Häuslein, in denen man doch nicht wohnen möchte!‹

Jedes Sträßchen war ein Schacht mit unregelmäßig behauenen Wänden; Giebel und Erker sprangen vor und zurück, zuweilen warfen sich breite Schleppen Grüns über verwitterte Mauern; Laternen an zierlichem Arm stießen ihren strengen Umriß vor die heitern Fronten.

---

[19] Wilhelm Jensen: Die Rosen von Hildesheim. Ein Roman aus der Stauferzeit. 2. Aufl. Leipzig: Elischer 1919 (zuerst erschienen 1900). S. 67–69.

›Ich will mich nicht einfangen lassen von dem süßen, romantischen Zauber!‹ beteuerte Brand.

Plötzlich blieben sie stehen; an einem fernen Himmelswinkel war die Sonne durchgebrochen; nun fiel ihr Licht in breiten Flecken auf die Häuser, dort einen Turm beglänzend, dort ein paar geschnitzte Fenster tieferm Dämmer überantwortend. Ein Fenster flog zur Rechten auf, ein Mädchen, hoch, schmal, blond, stand mitten im Sonnenschein.

›Alter Regietrick!‹ knurrte Brand. Dann standen sie auf dem Markt.

Aus gefüllten Körben boten Frauen die Gaben des Landes feil – Gemüse und Früchte leuchteten in der Sonne. Es leuchteten die bunten Schürzen und Tücher der Marktweiber, leuchteten die Sprudelbogen des Brunnens und, vom grellen Mosaik der Bodenzone wie durch schleiernde Nebel abgehoben, die Stirnen der alten Häuser.

›Fehlt nur noch ein Glockenspiel‹, höhnte Brand, da fielen auch schon die zwölf Schläge des vollen Mittags überirdisch dünn auf den Platz hinunter, der sich langsam von Menschen leerte und einen Bodensatz von Kohlblättern und Papier zeigte.

Sie gingen weiter; wieder Gassen, wieder Gäßchen und Giebel und Erker und eine Stille, die geruhsam das Herz befiel.

Dann standen sie im Kreuzgang des Domes. ›Kunstgeschichte, Band 2, Seite 319–327‹, bollerte Jupp, aber Mieken legte ihm die Hand auf den Mund. ›Ich leg‘ dir einen Maulkorb um‹, sagte sie und lachte.

Ungefähr in der Mitte des Vierecks zwischen den

langgestreckten um und um wandernden Gängen, deren getrepptes Dach sich breit hinzieht wie die Ebene Niedersachsens, stand schmal und steil, dem Hügel gleich, der diese verwunschene Stadt trägt, die Annenkapelle; sie gibt dem Hof Maß und Gestalt, wie der Rosenstock der Legende ihm geheimen Sinn schenkt.

›Weiß der Teufel!‹ sagte Brand, ›hier ist der Himmel!‹ und er gab sich überwunden.«[20]

Die schöne, doch in mancher Hinsicht womöglich auch enge Stadt veranlasst in **Karl Uhdens** Roman »Die beiden Schiefertafeln« einen »Eingeborenen« zu einer vorläufigen Flucht aus Hildesheim:

»Und an der nächsten Station löste er eine Fahrkarte zweiter Klasse in die – Welt. [...] Wirklich, er forderte eine Karte in die Welt. Wo denn die läge, fragte der Beamte und machte ein komisches Gesicht. Darauf Schorse, auch mit komischem Gesichte: ›Großstadt Hannover.‹ Nun lächelte der hinter dem Fenster, wie einer, dem ein Licht aufgegangen ist.«[21]

Der Ruhm Hildesheims, seine Bekanntheit sind im 1927 erschienenen Roman »Lüdinghoff« von **Diedrich Speckmann** selbstverständlich. Der folgende

---

[20] Otto Brües: Jupp Brand. Roman. Berlin: Bühnenvolksbundverlag 1927. S. 134/135.

[21] Karl Uhden: Die beiden Schiefertafeln. Von der Prima bis ins Philisterium. Stuttgart: Steinkopf 1914. S. 139/140.

Dialog könnte auch noch in unseren Tagen mit leichten Veränderungen werbenden Maßnahmen dienen:

»›Und wo sind Sie zu Hause, wenn ich fragen darf?‹

›In … in Hildesheim.‹

›Hildesheim? Wie interessant! Da war ich nämlich auch schon. Hildesheim ist eine schöne alte Stadt.‹

›Es ist die schönste Stadt des ganzen Hannoverlandes. Es ist das norddeutsche Nürnberg. Das steht sogar im Bädeker. Denken Sie doch nur an das Knochenhaueramtshaus!‹

›Ich erinnere mich. Unten ist ein Laden mit Altertümern.‹

›Hm ja.‹

›Und gegenüber das Rathaus mit all den herrlichen Bildern!‹

›Jawohl, Professor Hermann Prell an der Kunstakademie in Dresden hat die Halle ausgemalt.‹

›Aber die größte Berühmtheit Hildesheims ist doch wohl der Tausendjährige Rosenstock, nicht wahr?‹ […]

Der Tausendjährige Rosenstock! Wer Hildesheim sagt, sagt Tausendjähriger Rosenstock.«[22]

[22] Diedrich Speckmann: Lüdinghoff. Roman. 11.–15. Tausend. Berlin: Warneck 1927. S. 120/121.

7

DER TAUSENDJÄHRIGE ROSENSTOCK – LITERARISCH

Zunächst sei zur Erinnerung eine Zusammenfassung von Legende und Wirklichkeit des Hildesheimer Rosenstockes gegeben, die mit Literatur rein gar nichts zu tun hat, die dafür aber informativ und trocken die Tatsachen fixiert. Sie ist entnommen den Internetseiten des Bistums Hildesheim:

»DER TAUSENDJÄHRIGE ROSENSTOCK IN HILDESHEIM

Er ist ebenso ein Wahrzeichen des Bistums Hildesheim wie auch der gesamten Stadt: der Tausendjährige Rosenstock.

Die Legende, die den Tausendjährigen Rosenstock umgibt, reicht bis in die Gründungsgeschichte des Bistums Hildesheim zurück. Seinerzeit, im Jahre 815, soll Ludwig der Fromme, Sohn und Nachfolger Kaiser Karls des Großen, zwischen den Blüten einer wilden Heckenrose ein kostbares Reliquiar vergessen haben, dass er dort zur Feier einer Messe hatte aufhängen lassen. Als er zurückkehrte, um das Reliquiar wieder zu holen, ließ es sich nicht mehr vom Rosen-

Mabel Wagnalls: Der tausendjährige Rosenstock.
Eine Erzählung aus Hildesheim. Berlin, Leipzig: Hillger 1926.
Vorderumschlag

stock entfernen. Ludwig der Fromme sah darin ein göttliches Zeichen und ließ zu Ehren der Gottesmutter an Ort und Stelle eine Kapelle bauen. Soweit die Legende. Tatsache jedenfalls ist, dass um 815 die Geschichte des Bistums begonnen hat.

Bei einem Bombenangriff im März 1945 während des Zweiten Weltkriegs verbrannte der Rosenstock und lag unter Trümmern begraben. Wie ein Wunder erschien es den Überlebenden dieser Katastrophe, als die Reste der Rose dennoch neue Triebe entwickelten. Acht Wochen nach der völligen Zerstörung des Hildesheimer Doms sprossen aus den verschütteten Wurzeln 25 neue Triebe hervor.

Die Hildesheimer Rose

Die Blütezeit des Rosenstocks ist witterungsabhängig. In der Regel liegt sie Ende Mai und dauert ca. 14 Tage.

Der mächtige, uralte Rosenstrauch an der Apsis des Mariendoms gehört botanisch zur heimischen Wildart Rosa canina L., nicht also zu den ›Historischen Rosen‹ wie Rosa alba L. oder Rosa gallica L. Einige Merkmale des Wildrosentyps waren nach früheren Angaben im Schrifttum nicht geklärt, so zum Beispiel, ob die Blattunterseite behaart ist. Daher wurde eine Untersuchung der wesentlichen morphologischen und physiologischen Merkmale des Genotyps durchgeführt und folgende botanische Beschreibung erstellt:

Blatt: vorwiegend 7-fiedrig, oberseits dunkelgrün, unterseits hell- bis mittelgrün, unbehaart. Fiederblatt länglich oval, oberseits schwach rinnenförmig. Randeinschnitte gesägt.

Blüte: Einfach, mittelgroß, schwach duftend. Blütenblätter Anzahl 5, rosa weiß, schwach gewellt, Kelchblätter schwach gefiedert, zurückgeschlagen, früh abfallend.

Hagebutten: Leuchtend mittelrot, groß, länglich spindelförmig, spät reifend und ausfärbend, lange haltbar. Stielchen glatt, lang.

Bestachelung: Mitteldicht, Stacheln mittelgroß, auf spitz ovaler Platte, Unterkante tief konkav.

Mit der Beschreibung ist eine taxonomische Zuordnung der Hildesheimer Rose im Rahmen der Sammelart Rosa canina L. innerhalb der formenreichen heimischen Wildrosen gegeben. Eine Definition der Einzelpflanze als Varietät oder Subspezies ist im Hinblick auf die Diversität der Wildrosen und der zahlreich vorkommenden Mischformen infolge von Hybridisierung ohne Bedeutung.«[23]

Die erzählende Literatur hat sich der Legende um den Rosenstock und seiner Wirkungen bis in die Neuzeit durchaus poetischer angenommen, so etwa **Gustav Falke** in seiner Erzählung »Herr Henning oder Die Tönniesfresser von Hildesheim« aus dem Jahre 1912:

---

23 http://www.dom-hildesheim.de/de/content/der-tausendj%c3%a4hrige-rosenstock-hildesheim-0 (aufgerufen Januar 2015).

»Hildesheim war eine trutzige Stadt mit festen Türmen und Mauern. Viele Kirchen zeugten von dem geistlichen Regiment, das hier seit Caroli Magni frommem Sohn Ludwig herrschte. Ja, ihm, Ludwig dem Frommen, schreibt die Sage die Gründung des Bistums und dieser Stadt zu. [...] und der Kaiser jagte gern in dem großen, dichten Wald, der voller Wild war. Einst setzte er hitzig einem weißen Hirsch nach, der aber war schneller als sein schnellstes Pferd und sein bester Hund; er lief um sein Leben, stürzte sich in die Innerste, schwamm hindurch und entkam, obwohl der Jäger ihm in den Fluß nachsetzte, wobei er Pferd und Hund verlor. Mühsam rettete sich der Kaiser aufs Trockene und legte sich etwas waldein ermattet unter einen hohen Baum.

Er war ganz allein in der großen Wildnis, und um sein Gefolge herbeizurufen, blies er in sein Jagdhorn. Doch niemand hörte ihn, so weit hatte er sich von seinen Leuten verirrt.

Da wurde es ihm bange ums Herz.

Er nahm ein goldenes Kreuz, ein Heiligtum der Mutter Gottes, von seiner Brust und hing es vor sich an einen wilden Rosenstrauch, warf sich auf die Knie und betete inbrünstig zur Mutter aller Gnaden, daß sie ihn aus der schauerlichen Einsamkeit errette und wieder zu den Seinen führe.

Gleich darauf verfiel er in einen tiefen Schlaf, und als er wieder erwachte, sah er mit Verwunderung den Platz vor sich mit Schnee bedeckt, während rings um ihn alles in hoher Sommerpracht stand. Und o Wunder! das Heiligtum, das er an den Rosenbusch ge-

Gustav Falke: Herr Henning oder Die Tönniesfresser von Hildesheim. Mit Bildern von Bruno Eggert. Leipzig: Hahn 1912. Frontispiz und Titelblatt

Herr Henning oder Die Tönnies-fresser von Hildesheim

Geschichtliche Erzählung von
Gustav Falke

Mit Bildern von Beño Eggert

Alfred Hahns Verlag Leipzig

hängt hatte, war daran festgefroren, obgleich die Rosen an dem Busch noch blühten, ja, schöner und voller blühten als zuvor.

So frommen Zeichen und Wundern waren Auge und Ohren nicht zu verschließen: Das war eine Stimme vom Himmel.

Und Ludwig beschloß, hier, wo der heilige Schnee gefallen war, der allerheiligsten Jungfrau eine Kirche zu bauen.

Rosen haben bis in die späten Jahrhunderte um das Gotteshaus gestanden. Es galt für ein gutes Zeichen, wenn sie reichlich blühten; dann blühte in gleichem Maße das Glück der Stadt.«[24]

Die Wirkung des Domherrenfriedhofs mit seinem weltberühmten Rosenstrauch, seine friedliche, märchenhafte Ausstrahlung wurde 1901 von **Ludwig Kubel** und 1927 von **Mabel Wagnalls** auf auch heute noch nachvollziehbare Weise beschrieben:

»Er lehnte sich an eine der zierlichen mit Epheu umsponnenen Säulen. Hier schien wirklich der Frieden zu herrschen, den das Gotteshaus da drinnen mit seiner Krypta ihm nicht zu bieten vermocht hatte.

Still lag der kleine Domherrenfriedhof mit seinen grünen Hügeln und weißen Kreuzen da unten vor ihm, in seiner Mitte die gotische Kapelle der heiligen

---

[24] Gustav Falke: Herr Henning oder Die Tönniesfresser von Hildesheim«. Geschichtliche Erzählung. Mit Bildern von Benno Eggert. Leipzig: Hahn 1912. S. 14/15.

Aus: Gustav Falke: Herr Henning oder Die Tönniesfresser von Hildesheim. Mit Bildern von Bruno Eggert. Leipzig: Hahn 1912

Anna. Die hohen Mauern und Arkaden der Bogengänge schlossen ihn aus von allem Streite und allem Kriegsgeschrei.

Hier war die Stätte des ›heiligen Schnee's und des wunderlichen wilden Rosenstrauches!‹

Kaiser Ludewig der Fromme, des großen Karl Sohn, hatte sich einst, wie die Sage geht, im ungeheuren Walde auf der Jagd verirrt und sich matt und verzweifelt unter einem Rosenbusche der Wildnis niedergeworfen, an dem er ein von ihm getragenes heilige Gefäß aufgehangen. Aber eine wunderbare Ruhe war plötzlich an diesem Orte über ihn gekommen, also daß er seine Seele zu Gott erheben und inbrünstig zu beten vermochte. Als er nach stärkendem Schlafe erwachte, fand er zu seinem Erstaunen einen großen kreuzförmigen Platz um sich mit hell leuchtendem Schnee bedeckt, wo es doch die Zeit der Rosen war und der Wald ringsum dastand in grüner Pracht. Und der über und über blühende Rosenstrauch hatte das an ihm aufgehängte Heiligtum mit tausend Zweiglein verschlungen, also daß es Ludewig nicht zu lösen vermochte. Da rief der fromme Kaiser mit Jakob aus: ›Gewißlich ist der Herr an diesem Orte, und ich wußte es nicht! Wie heilig ist diese Stätte! Hie ist nichts anderes denn Gottes Haus, und hie ist die Pforte des Himmels.‹ Und grade wie der wegemüde Wandrer zwischen Bersaba und Haran that der fromme Kaiser Ludewig das Gelübde, so Gott mit ihm sein und ihn behüten würde auf dem Wege, ein Gotteshaus aufzurichten an dieser Stätte. Und er hatte noch vor dem alten Gottesstreiter Israel voraus, daß er nicht in der Wüste, sondern inmitten des deutschen Waldes stand, daß ein blühender Rosenbusch das Mal war, wohin er den Bischofssitz von Elze verlegte. und kein Stein auf sandiger, brennender Fläche.«[25]

Die amerikanische Schriftstellerin **Mabel Wagnalls** erinnerte sich in ihrem Vorwort zu der Erzählung

[25] Kubel, Ludwig: Winzenburg. Roman aus der Zeit der großen Hildesheimer Stiftsfehde. 2. Bd. Wolfenbüttel: Zwißler 1901. S. 16–18.

[26] Mabel Wagnalls: Der tausendjährige Rosenstock. Eine Erzählung aus Hildesheim. Autorisierte Übersetzung von Anno Dittmer. Leipzig: Hillger 1926. S. 3.

»Der tausendjährige Rosenstock« Mitte der 20er Jahre des letzten Jahrhunderts:

»Mein Erlebnis an dem alten Rosenstock von Hildesheim fällt in die Zeit meiner Studien in Europa. So entlegen, so jenseits des Weltgetriebes war das Bild des Friedens, das sich mir an seinem träumerischen Plätzchen inmitten niedriger Gräber in dem Garten des Mönchsklosters bot, daß es mir als eine unvergeßliche Erscheinung in meiner Mädchenphantasie in der Erinnerung verblieb. Das Andenken an diesen seltsamen ruhigen Fleck Erde innerhalb einer Welt von menschlichen Kämpfen trug ich spukhaft mit mir herum.«[26]

Stefan George hat nach seinem Besuch in Hildesheim am 4. und 5. Juni 1903 folgende Verse über die Tausendjährige Rose zu Papier gebracht.

»HILDESHEIM

Dass euch die schändung nicht zu sehr erbose
Der heiligen örter durch die niedre brut!
Denn goldne knospe trieb in treuer hut –
So schien es jüngst – die Tausendjährige Rose.«[27]

[27] Stefan George: Der siebente Ring. Stuttgart: Klett-Cotta 1986 (Sämtliche Werke in 18 Bänden. Band VI/VII). S. 178, S. 233.

Hildesheimer Dom mit Rosenstock.
Aus: Unser Deutsches Land und Volk. Bilder von den deutschen Nordseeküsten und aus dem westlichen Tiefland. Herausgegeben von F. W. Otto Lehmann. Leipzig, Berlin: Spamer 1885. S. 379